LIDERAR SIN PERDER EL ALMA

KEEP IT SIMPLE
MALCOLM HUDSON

"Es sencillo ser feliz, pero es difícil ser sencillo."
Rabindranath Tagore

Este libro nace

Después de muchas conversaciones,
de derrotas y de victorias que llegaron sin ruido.
Caminando en la playa, en Uruguay y en Chile,
En salas de reuniones y noches de chimenea.
En un café en Pamplona y otros en Buenos Aires

Nace en conversaciones que comenzaron con una
pregunta honesta:

¿Qué estoy haciendo con mi vida?

Tabla de contenido

Un poco de historia

En la última pandemia cumplí 20202 días vividos.

Ese número se me quedó grabado como un marcador silencioso del tiempo. No porque sea exacto, sino porque esa cifra fue un espejo. Un instante en que sentí que había vivido bastante como para comenzar a contar mis historias, no solo para no olvidarlas, sino para no empezar a inventarlas más adelante.

Soy chileno de origen, charrúa por corazón, porteño por educación. Nací en una casa llena de historias; donde mi abuela estaba rodeada de vapores y olores en la cocina y mi abuelo buscaba sus sueños perdidos entre el ajedrez y la geometría; a los siete años crucé fronteras hacia Buenos Aires con un miedo mudo, y un año después encontré abrigo en Montevideo cuando el mundo parecía temblar.

Cada ciudad me regaló algo: silencio, ironía, conversación, comida simple, helados con premio, libros y cicatrices que aprendí a abrazar.

Escribir este libro ha sido, en parte, volver a caminar por esas calles. Volver a mirar con los ojos de niño las dunas, los túneles, los almuerzos con lentejas, y también esos días en que el miedo era el único idioma.

Sobre todo ha sido un ejercicio de volver a mí.

En estos textos está mi forma de mirar la vida.

Entre Verne, Salgari y los mozos de los hoteles de mi infancia. Entre Asimov, y Hesse en mi adolescencia y Santo Tomas, San Agustín y Simone Weil de juventud y madurez

Entre la sonrisa contenida de mi abuelo, el campamento en la sala de mi abuela, y la mostaza blanca de La Pasiva. Entre la vulnerabilidad que escondí durante años y la alegría de dejarme querer.

Aquí te comparto mi PAMPA, que es una herramienta y también es una metáfora de vida.
Porque hay momentos en que todo lo que tenemos que hacer es parar.
Y otros en los que debemos mirar con calma, decidir con alma, ordenar el deseo, y movernos con humildad.

Así viví yo.
Así escribí esto.

Escribir este libro fue, en muchos sentidos, un acto de reconciliación conmigo mismo. No con el personaje que uno aprende a mostrar en LinkedIn, sino con la voz más íntima, la que susurra en las caminatas solitarias y en las noches en que todo se pone en pausa.

Lo escribí pensando en ti, que buscas claridad sin renunciar a la profundidad. Que lideras sin dejar de ser persona. Que sabes que a veces una pregunta puede abrir más caminos que una gran respuesta.

He tenido que parar muchas veces. Analizar en momentos en que era más fácil culpar. Replantear metas que se desdibujaban. Planificar en medio del caos. Y accionar con miedo, pero con sentido.

Cada capítulo de este libro recoge algo que yo también he vivido.
Cada frase ha pasado por mi cuerpo antes de llegar a la página.

Y si hay algo que espero dejarte, es una certeza sencilla: no estás solo. Ni sola.

Este camino es compartido. Y aunque el mundo a veces nos grite que todo debe ser rápido, perfecto y visible, este libro elige otra ruta: la de lo simple, lo humano y lo real.

Gracias por haber llegado hasta aquí. Nos seguimos leyendo, pensando, caminando.

Está escrito para quienes lideran, y para quienes sueñan con liderar, y sobre todo para quienes no quieren renunciar a su humanidad en medio del trabajo.

Para los que trabajan con otros, deciden bajo presión, buscan sentido entre reuniones de calendario compartido.

Si trabajas en una empresa tradicional, en un startup, en una empresa familiar o en una gran multinacional este libro es para ti.

Porque no se trata del tipo de empresa.
Se trata de cómo quieres estar tú en esa empresa.

Se trata de que no te pierdas en el intento de cumplir con todo.

Sobre todo, que no pierdas de vista lo que te trajo hasta aquí.

No vas a encontrar fórmulas mágicas.
Pero sí encontraras preguntas.
Imágenes.
Historias.

Conceptos que te ayuden a volver a lo esencial.
A reconectar con lo que importa.

A elegir un estilo de liderazgo que sea tuyo, que te quede cómodo en la piel y firme en el alma.

La conversación gira en torno a dos ideas que me acompañan hace años:

KISS: Keep it Simple & Keep it Stupid. Sí. Stupid. Porque a veces nos tomamos tan en serio que olvidamos reírnos, equivocarnos, probar sin tener todo resuelto. Porque la inteligencia no siempre se ve brillante, pero sí se siente clara. Frase que conocí en el sur de Chile, dicha por un grande de vida, el Gringo, que lleno de dolores, heridas y tristezas siempre estaba para enseñar a los cachorros del negocio.

PAMPA: Parar, Analizar, Meta, Planificar y Accionar. Una palabra que evoca lo que conocí viviendo 15 años entre Uruguay y Argentina: horizonte abierto, calma, mirada profunda.

Cinco momentos que se han ido sumando a mi brújula en momentos difíciles, decisiones complejas y caminos inciertos.

A estos dos pilares se suman dos anclas emocionales: **la confianza y el propósito.**

Sin eso, todo se vuelve trámite.
Con eso, todo se puede volver viaje.

Cada capítulo está pensado para ser leído en una sentada.

Con una frase inspiradora, una historia, una mirada práctica y ejercicios concretos.
Para que no nos quedemos sólo con la lectura, sino que algo se mueva adentro. Y si es posible, también afuera.

Este no es un libro para expertos.
Es un libro para amigos.

Ojalá encuentres aquí una frase que te mueva.

Y se abra la oportunidad de un café reflexivo con alguien que consideres importante para tener conversaciones sin razón.

Capítulo 1: Keep It Simple
La sabiduría de lo esencial

"La perfección se alcanza, no cuando no hay nada más que agregar, sino cuando no queda nada más que quitar."

Antoine de Saint-Exupéry

Vivimos rodeados de complejidad.

Organizaciones con manuales extensos, cuidando miles de estándares, presentaciones con 100 diapositivas para una hora de reunión, y análisis con 300 hojas.

Vivimos en reuniones donde se habla mucho y se resuelve poco.

Nos hemos olvidado de que la claridad no nace del exceso. Nace de lo esencial.

"Keep it simple" no es una renuncia a la profundidad, es una declaración de respeto por la claridad.

No es superficialidad, es enfoque.

Lo complejo puede ser elegante, pero lo simple es transformador.

20 años trabajando dentro del sistema Coca-Cola, los siguientes 10 años trabajando en consultoría y en cada reunión, en cada plan de negocio fui mirando y descubriendo que los líderes más efectivos no eran los que usaban más conceptos, sino los que podían explicarlos con palabras que su equipo entendiera sin traducir.

Estos lideres en mi historia fueron argentinos, brasileños, chilenos, ecuatorianos, mexicanos y uruguayos. No es privilegio de donde nacieron sino de formas de mirar la vida.

De ellos vi luces poderosas y oscuridades profundas, todos dejaron alguna historia que ha sido contada después en algún curso o taller.

Decir poco, bien dicho.
Nombrar lo esencial.
Cortar el ruido.

Recuerdo la visita de una líder hindú en los años 2000, que era temida por ser implacable con los errores en las reuniones, que a los 10 minutos de mi presentación, me detuvo y preguntó:*" Cuantas hojas faltan de diagnóstico para llegar a lo que quieres hacer y lograr?".* Y luego de contestarle me miró y dijo *"Comencemos la reunión desde ese punto, entiendo que el diagnostico esta perfecto y confío en ti"*

Herman Hesse decía que la sabiduría comienza cuando se aprende a nombrar con palabras simples las verdades complejas. Y en el liderazgo, esa capacidad es vital: saber reducir lo importante a una frase que el equipo recuerde incluso en medio de la tormenta.

Isaac Asimov, padre de tantos conceptos que usamos hoy en el día a día, con su amor por la ciencia clara, solía decir que si no puedes explicárselo a un niño de 10 años, probablemente no lo entiendes del todo.

¿Y cuántas veces lideramos sin entender del todo lo que queremos que los demás comprendan?

En lo simple hay belleza.
En lo simple hay confianza.
Porque lo simple se entiende, se recuerda y se ejecuta.

Para pensar en simple:

- Comienza toda presentación con una sola pregunta clave.
- Si no puedes explicarlo en una frase, todavía no está listo.
- Usa menos adjetivos y más verbos.
- Elimina lo que no suma.

Para liderar en simple:

- Repite los mensajes importantes con las mismas palabras.
- Usa ejemplos concretos.
- Pregunta: "¿Qué entendiste?", en vez de "¿Todo claro?"
- Diseña con el otro, no solo para el otro.

Mini test (ponte una nota en una escala de 1 a 5)

1. Mis ideas suelen ser fáciles de explicar en una frase.
   _____

2. Mis reuniones tienen un foco claro y limitado.
   _____

3. Evito el lenguaje técnico innecesario.
   _____

4. Me esfuerzo por dejar en claro lo esencial en cada conversación.
   _____

5. Cuando hablo, siento que los demás me comprenden sin esfuerzo.
   _____

Tu total hoy es   _____

Resultados:

5-10 : Aún estas a tiempo de simplificar desde la raíz.
11-20: Estás en camino a mayor claridad.
21-25: Lideras con foco y lenguaje limpio.

Ejercicios prácticos

1. La regla de la servilleta: escribe tu idea o proyecto en una servilleta de bar. Si no cabe, es muy complejo.

2. Tres palabras clave: cada vez que presentes algo, pregúntate: ¿cuáles son las tres palabras que quiero que recuerden?

3. Decluttering mental: antes de comenzar la semana, escribe tus 3 prioridades. Si tienes más de 3, no tienes ninguna.

4. Traducción inversa: toma un concepto técnico que uses y explícalo como si tu abuela te escuchara. Sin perder el fondo.

Lo simple no es pobre. Es limpio.

Y en un mundo saturado, liderar con simplicidad es un acto de generosidad.

Capítulo 2: Keep It Stupid
La sabiduría de no tomarse tan en serio

"El problema de nuestro tiempo es que los tontos están seguros de todo y los sabios están llenos de dudas."
Bertrand Russell

Cuando se empieza a liderar, se quiere parecer inteligente. Dominante. Estratega.
Capaz de resolver todo sin que se le mueva un pelo.

Hasta que te das cuenta de que
ese disfraz pesa más que el rol.
fingir brillantez constante es agotador.

Y que la mayor señal de inteligencia es saber cuándo reírse... de uno mismo.

"Keep it stupid" no es una invitación a la mediocridad.
Es recordarme permanentemente de que la humildad es más lúcida que el ego.
Que dejar espacio a la duda, al humor, al error, no nos vuelve débiles, nos vuelve humanos.

Viktor Frankl decía que incluso en el dolor hay espacio para una elección: la actitud.
Y una de las más sanas es la capacidad de no dramatizar lo que no lo merece.

Recuerdo a un jefe que solía decir: "No somos neurocirujanos. Si algo sale mal, nadie muere. Así que relájense y hagan lo mejor con lo que sabemos y tenemos".

Eso, que parecía liviano, fue profundamente liberador.

Emilio Salgari, donde nacieron tantos mercenarios, tigres y aventureros escribió historias imposibles sin haber salido de su país.

Se atrevía a imaginar porque no se detenía a preguntar si era lo suficientemente listo para hacerlo. Simplemente lo hacía.

Esa ingenuidad poderosa es parte del liderazgo.

Keep it stupid es dar permiso al equipo para equivocarse.
Para decir "no entiendo" sin sentir vergüenza.
Para probar sin garantías.
Para arriesgar sin tener todas las respuestas.

Hoy lo llaman mínimo viable,

yo lo aprendí como "sigue adelante y solo ocúpate de seguir aprendiendo para que sea mejor la próxima vez".

Como decía Asimov: "La verdadera inteligencia no está en saberlo todo, sino en saber preguntar bien".

Los mejores líderes que he conocido no son los más sabios, sino los que hacen preguntas que abren posibilidades.

Plan de trabajo para cultivar el espíritu del "stupid"

Para soltar el peso del ego:

Reconoce públicamente cuando no sabes algo.
Celebra los errores útiles.
Haz preguntas sencillas que nadie se atreve a hacer.
Ríete de tus metidas de pata. Literalmente.

Para crear espacios de seguridad emocional:

Agradece cada vez que alguien dice "no entendí".

Busca ideas absurdas en sesiones de planificación.

Usa el humor como válvula emocional, no como defensa.

Valida la duda como parte del proceso.

Mini test (ponte una nota en una escala de 1 a 5)

1. Me permito decir "no sé" frente a mi equipo.
   _____

2. Me río de mí mismo sin sentir que pierdo autoridad.
   _____

3. Hago preguntas simples sin sentirme menos Inteligente .
   _____

4. Celebro cuando alguien tiene una idea "loca".
   _____

5. No me tomo demasiado en serio...
   y eso me ayuda a liderar mejor.
   _____

Tu total hoy es
_____

Resultados:

5-10 : Estás cargando demasiado con el personaje.
11-20: Estás aprendiendo a soltar el ego.
21-25: Lideras desde la humanidad, no desde la perfección.

1. Confesionario del error: comparte con tu equipo un error personal que te haya enseñado algo útil.

2. La pregunta tonta: en la próxima reunión, haz conscientemente la pregunta que todos temen por parecer obvia.

3. Cinco minutos de tontera: al cerrar la semana, compartan memes, anécdotas, o errores graciosos. La risa también cohesiona.

4. El desafío del aprendiz: haz algo nuevo donde seas principiante total (bailar, cocinar, dibujar). Y cuéntalo.

Porque a veces, para liderar con sabiduría,
hay que animarse a parecer un poco tonto.

Solo un poco.
Lo justo para no dejar que el ego tome el volante.

Capítulo 3: Antes de la PAMPA
Una pausa en el camino

"No se llega a la sabiduría sino a través de muchos extravíos."

Hermann Hesse

He caminado por rutas asfaltadas y por senderos de tierra roja.

En salas de reuniones y directorios, en empresas estatales, en corporaciones, en empresas familiares, en emprendimientos exitosos y grandes fracasos, he acompañado a empresas nacer y otras a morir.

Viví en oficinas impecables y frías y también en fábricas que huelen a incendio, madera y pintura.

He tenido días en los que todo parecía fluir con naturalidad y otros en los que la única certeza era que no quería volver al día siguiente.

Y en todos esos caminos, hubo algo que siempre regresaba: la sensación de que había que detenerse. Aunque fuera por un minuto. Aunque todo lo demás siguiera girando.

Parar no es algo que se nos enseñe.

De hecho, todo el sistema grita: produce, responde, avanza, no te detengas.

Pero en mi experiencia, mis decisiones más sabias, los momentos más lúcidos y las transformaciones más profundas me llegaron luego de una pausa.

Una pausa para mirar. Para sentir. Para aceptar.

Un amigo catalán escribe que el alma necesita tiempo y silencio para decirnos lo que sabe.

Y yo siento que ese silencio no siempre es cómodo, pero sí fértil.

Viktor Frankl hablaba del espacio entre el estímulo y la respuesta: ese pequeño intervalo donde vive la libertad.

Ese es el espacio que me abrió a mi este concepto que fui acuñando en muchas noches y que terminó llamándose PAMPA.

Parar. Analizar. Meta. Planificar. Actuar.

Cinco movimientos.

Cinco formas de volver a uno mismo antes de volver al mundo.

Lo aprendí en la práctica, como se aprenden las cosas que importan: con errores, con tropiezos, y con la humildad de reconocer que no todo está bajo control.

Este libro es una bitácora.
No de fórmulas, sino de caminos.

Y el camino de la PAMPA comienza justo aquí:

Con una pausa.

Capítulo 4: Parar
El arte de detenerse a tiempo

"Nada más poderoso que una pausa bien puesta."
Anónimo sabio

Parar: Una mirada filosófica
(hablando con Santo Tomás y San Agustín)

San Agustín decía que el alma necesita recogimiento para escuchar a Dios.

Que, en el bullicio de la prisa, el corazón se vuelve sordo. Parar, desde esta mirada, es un acto espiritual, una forma de habitar el tiempo con reverencia. La quietud no es improductiva, es una forma de presencia radical.

Santo Tomás de Aquino de forma similar defendía la contemplación como la actividad más noble del ser humano, porque nos permite ordenar el pensamiento, distinguir entre lo urgente y lo verdadero.

Y también nos permite discernir, lo cual es distinto de simplemente elegir. Discernir implica mirar con sabiduría, no con ansiedad.

A mis catorce años, en un campamento de verano, en plena sierras de Córdoba, veía a dos adultos, contemplando el cielo en silencio y conversando lento. Pregunté qué hacían y la respuesta inmediata fue "están trabajando, son filósofos"

Parar es una forma de sabiduría que hoy se considera subversiva.

Nos entrenan para avanzar, pero no para detenernos.

Sin embargo, quien no sabe parar, difícilmente sabrá decidir.
Porque toda decisión lúcida nace de una pausa.

En mi experiencia, los momentos de pausa profunda han sido el inicio de todo cambio real.
No de los más visibles, pero sí de los más duraderos.

A veces, parar duele.
Porque cuando uno para, aparecen las voces que el ruido había silenciado.

Esas voces son necesarias.

Hay una canción de James Taylor que dice: "The secret of life is enjoying the passage of time."

La escuché una tarde en Montevideo, mirando el río.

Entendí que hay pausas que no son pérdida de tiempo... son recuperación de sentido.
Hay ritmos internos que no se sincronizan con las urgencias externas, y si no aprendemos a escucharlos, nos rompemos por dentro sin que nadie lo note.

Parar es como volar alto, alejándose del ruido del grupo para volver a lo esencial. No es escapismo, es búsqueda.

Es el momento en que uno se permite preguntarse: ¿y si el camino correcto no es el más transitado? Juan Salvador no volaba por deporte, sino por necesidad interior.

Parar tiene algo de eso: de volver al deseo auténtico, a la curiosidad limpia, a ese punto donde lo simple vuelve a ser suficiente.

Parar es tener el coraje de decir: "esto no me hace bien". Y también la ternura de abrazarse cuando uno no tiene respuestas claras.

En lo emocional, parar es respirar antes de hablar.
Es sentir antes de decidir.
Es validar lo que duele antes de intentar arreglarlo.

Mi padre siempre me decía esto, "para a respirar antes de contestar", yo lo veía en sus reuniones y pensaba, en mi juventud, que era una pérdida de tiempo, me asombraba su responder lento, meditado y pausado.

Hoy estoy claro que era justamente lo contrario, era saber que lo que se dice es importante para el otro y que merece todo el respeto y el tiempo.

Parar: Una mirada organizacional
(con Otto Scharmer y Alex Rovira)

Otto Scharmer, en la Teoría U, habla de la necesidad de "presencing": ese momento en que dejamos de reaccionar y comenzamos a escuchar lo que quiere emerger.

No lo que ya conocemos, sino lo que aún no tiene forma.
Y para eso, hay que parar.
Hay que soltar el saber.

Hay que dejar de repetir patrones automáticos y abrirse a la incertidumbre creadora.

Alex Rovira lo resume claro: "El liderazgo comienza en la escucha."

Y no hay escucha sin silencio. Parar en lo organizacional no es detener el avance: es asegurar que avanzamos en la dirección correcta. Es crear condiciones de confianza donde decir "no sé" no sea visto como debilidad, sino como la antesala de la sabiduría compartida.

He acompañado a equipos que sólo encontraron soluciones reales cuando se atrevieron a detenerse. No una pausa cosmética. No un afterwork para la foto. Una pausa real.

Donde el equipo se mira y se pregunta:

¿Esto que hacemos... aún tiene sentido?

Y muchas veces la respuesta no llega de inmediato.

Pero lo que aparece después de esa pausa es siempre más auténtico, más liviano, más real.

Mini test (ponte una nota en una escala de 1 a 5)

1. Me permito detenerme para pensar antes de reaccionar.
   _____

2. Tengo espacios reales de pausa en mi semana.
   _____

3. Escucho mi cuerpo y mis emociones cuando me piden parar.
   _____

4. En mi equipo, hay momentos para revisar antes de seguir.
   _____

5. Parar me ayuda a recuperar sentido.
   _____

Tu total hoy es   _____

Resultados:

5-10: estás en piloto automático. Hora de detenerse.
11-20: comienzas a encontrar momentos de pausa.
21-25: la pausa es parte de tu práctica consciente.

Ejercicios prácticos

1. La pausa intencional: bloquea 10 minutos al día para no hacer nada. Solo respirar, mirar, sentir.

2. Detén la reunión: al menos una vez a la semana, detén una conversación para revisar si están en el camino correcto.

3. Micro retiro personal: un paseo sin celular, sin destino, solo para estar contigo.

4. Revisión semanal: cada viernes, pregúntate: ¿Qué fue lo más importante que no vi esta semana porque no me detuve?

5. Pausa del lenguaje: practica el silencio por 5 minutos antes de una conversación difícil. Respira. Luego habla.

Parar no es detener el progreso.
Es crear el espacio para que el progreso tenga dirección,
alma y sentido.
Parar no es debilidad. Es madurez.
Es el primer paso para volver a caminar con intención.

Capítulo 5: Analizar
El arte de mirar sin defenderse

"No todo lo que se enfrenta puede ser cambiado, pero nada puede ser cambiado hasta que se enfrente."
James Baldwin

El momento después de la pausa

Si parar es el acto de valentía que nos permite salir del piloto automático, analizar es la disposición a mirar de verdad.

No mirar para confirmar lo que ya creo.
No mirar para encontrar culpables.

Mirar para comprender.

Para ver lo que está, no lo que espero ver.

Analizar no es una operación técnica. Es un ejercicio racional, espiritual, emocional y ético.
Es atreverme a reconocer que quizás estoy equivocado.

Es aceptar que mi punto de vista es solo eso: un punto en una constelación más grande.

Oppenheimer lo sabía. "Acción sin comprensión es ignorancia en movimiento."

Analizar es la capacidad de mirar sin prisa y sin juicio.

Lo hacía Einstein, que prefería pasar semanas pensando en el problema correcto antes de buscar una solución brillante para el problema equivocado.

Analizar es la pausa larga entre el estímulo y la respuesta.
Es la respiración del pensamiento.

Es el espejo sin distorsión.

La humildad del que observa sin defenderse

El mayor obstáculo para analizar con claridad no es la falta de datos.

Es el miedo.

Miedo a tener que cambiar de opinión.
Miedo a reconocer un error.
Miedo a ver algo que no quiero admitir.

Por eso, los mejores analistas no son los más rápidos, ni los más lógicos. Son los más humildes.
Los que saben que cada análisis es una conversación entre lo que vemos y lo que tememos.

Analizar implica incomodarse. Implica estar dispuesto a ver los patrones ocultos. Las dinámicas de poder. Las narrativas que se repiten sin ser cuestionadas.

Implica escuchar las voces que normalmente se callan. Incluso dentro de uno mismo.

Pensar es amar la complejidad sin miedo.

En un mundo saturado de explicaciones fáciles, pensar se volvió un acto de resistencia.

No todo tiene respuesta rápida. No todo puede ser explicado con una gráfica. Y, sin embargo, la complejidad no es un enemigo: es la textura del mundo real.

Analizar requiere pensar lento. Como dice Daniel Kahneman. Requiere separar los hechos de las interpretaciones. Las emociones de los datos.
El análisis no elimina la emoción, pero la pone en contexto.

Quien de nosotros no ha visto muchas malas decisiones nacidas de un buen diagnóstico... incompleto.

Porque no se analizó el todo.
Porque se ignoró la cultura.
Porque no se escuchó a la resistencia.

El espejo de los equipos: cómo analizar juntos.

Los equipos que aprenden a analizar juntos crecen juntos.

No porque estén de acuerdo, sino porque saben pensar en voz alta sin destruirse.
Saben discutir sin herirse.
Saben que el desacuerdo puede ser fuente de sabiduría si se lo encuadra bien.

Otto Scharmer habla de suspender el juicio. De observar sin cargar lo que veo con mis propias expectativas. De escuchar con la intención de dejarme afectar.

Alex Rovira propone una pregunta mágica para analizar desde la profundidad: "¿Qué estamos dejando de ver?"
Esa sola pregunta puede abrir nuevas posibilidades.
Puede sacar a flote temas ocultos, verdades incómodas, futuros aún no explorados.

He estado en salas donde esa pregunta detuvo un proyecto. Y en otras donde salvó una relación.

Análisis y poder: lo que no se quiere ver.

Ningún análisis es neutral.
Hay verdades que incomodan a quienes toman decisiones. Hay datos que duelen.

Hay análisis que pueden cambiar el juego...
y por eso no se hacen.

Analizar también es un acto político. Es elegir qué mirar, qué priorizar, qué preguntar. Y por eso, hay que analizar con ética. Porque uno puede usar el análisis para justificar una decisión ya tomada, o para abrir un nuevo camino.

Y esto marca la diferencia entre manipulación y transformación.

Mini test (ponte una nota en una escala de 1 a 5)

1. Me tomo el tiempo de observar antes de sacar conclusiones _____

2. Escucho opiniones distintas sin apurarme en responder. _____

3. Hago preguntas que abren, más que afirmaciones que cierran. _____

4. En mi equipo, dejo la opción de disentir sin atacar. _____

5. Analizo mis decisiones pasadas para aprender, no para culparme. _____

Tu total hoy es _____

Resultados:
5-10 : Reaccionas más de lo que reflexionas.
       Hora de pausar.
11-20: Estás aprendiendo a observar con profundidad.
21-25: Piensas con lucidez y apertura.

Ejercicios prácticos

1. Mapa de percepciones: frente a una situación difícil, escribe: qué ves, qué crees, qué sientes, qué sabes. Luego revisa qué es hecho y qué es interpretación.

2. La silla del otro: analiza un conflicto poniéndote desde la perspectiva de quien piensa distinto. Escríbelo como si fueras esa persona.

3. Pausa reflexiva semanal: elige un día y revisa tus decisiones importantes de la semana. ¿Qué aprendiste?

4. La pregunta incómoda: haz a tu equipo esta pregunta: ¿Qué estamos ignorando por miedo a complicarnos?

Analizar no es frialdad. Es compromiso.
Es mirar con profundidad, con respeto, con valentía.
Porque no hay transformación sin mirada honesta y no hay liderazgo sin preguntas incómodas.

Pensar, al final, es un acto de amor por lo real.

Capítulo 6: Meta
El poder de saber hacia dónde vamos

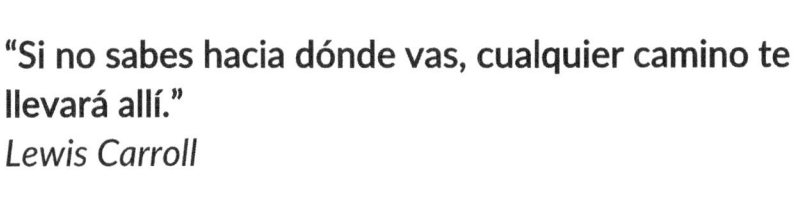

"Si no sabes hacia dónde vas, cualquier camino te llevará allí."
Lewis Carroll

En 1961, John F. Kennedy se para frente al Congreso y dice: "Elegimos ir a la Luna, no porque sea fácil, sino porque es difícil." No era solo una declaración política. Era una declaración de propósito. Una dirección. Un llamado.

Llegar a la Luna no era solo una cuestión tecnológica. Era una afirmación cultural. Un objetivo colectivo que alineó ciencia, política, financiamiento, ingeniería, creatividad y sentido de nación. Fue, quizás, uno de los propósitos más ambiciosos y concretos del siglo XX. Movilizó a miles de personas porque era desafiante, claro y compartido.

Como todo propósito que transforma.

Tener una meta es tener una brújula
(con Michael Porter y Simone Weil)

Michael Porter, padre de la estrategia competitiva, lo plantea así: "La esencia de la estrategia está en elegir qué no hacer." Y no puedes elegir qué no hacer si no sabes a dónde vas.

La meta no sólo orienta, también protege. Te ahorra esfuerzo. Te permite decir no con sentido.

Simone Weil, filósofa francesa, dice que el alma necesita finalidad. Que los seres humanos podemos soportar el dolor, la fatiga, incluso la injusticia... pero no la falta de sentido.

Una meta es más que un objetivo. Es una promesa que nos hacemos. Es un ancla que sostiene el alma cuando todo parece moverse.

En las organizaciones, las metas claras evitan la parálisis por análisis.

Nos recuerdan que no todo se puede hacer a la vez.

Nos devuelven el foco.

La meta que antecede al medio

Julio Verne imaginó llegar a la Luna antes de que existiera la tecnología para hacerlo.
Isaac Asimov predijo la inteligencia artificial décadas antes de que pudiéramos programarla. Ambos entendían algo vital: primero aparece la meta, luego aparece el cómo.

En los equipos, muchas veces veo que se exige planificar antes de definir la meta.
Y así se navega sin rumbo, solo con esfuerzo. Pero sin sentido.
Establecer una meta, es decir: esto es lo que nos importa. Esto es lo que vale el esfuerzo.

Una buena meta guía, inspira y alinea. Pero, sobre todo, compromete. Porque cuando una meta es verdadera, no necesita ser recordada: se siente.

Lo que una meta no es (y lo que sí)

No es una lista de tareas.
No es un KPI que alguien te exige desde lejos.
No es una meta si no te mueve algo por dentro.

Una meta real tiene tres condiciones:

Es clara (se puede explicar en una frase).
Es compartida (hay otros que la sienten propia).
Es desafiante (debemos ser mejores para alcanzarla).

He trabajado con empresas que tenían planes ambiciosos, pero ningún propósito emocional detrás.
Y otras, pequeñas, con metas sencillas, y profundamente sentidas.

¿Adivinas quién llegó más lejos?

1. Sé claramente cuál es mi meta personal o profesional hoy. _____
2. Mi equipo conoce y entiende la meta que nos une. _____
3. Las decisiones que tomo están alineadas con esa meta. _____
4. Me detengo regularmente a revisar si sigo en dirección. _____
5. Nuestra desafio nos da orgullo, no sólo presión. _____

Tu total hoy es _____

Resultados:

5–10: Urgencia sin dirección. Necesitas reconectar.
11–20: Tienes foco, pero falta claridad compartida.
21–25: Avanzas con sentido y dirección.

Ejercicios prácticos

1. La frase de la meta: escribe tu meta en menos de 10 palabras. Si no puedes, aún no está clara.

2. Mapa de coherencia: elige una meta. Anota tus 5 decisiones clave del último mes. ¿Están alineadas?

3. Conversación de alineación: en tu equipo, pregúntense: ¿qué nos une más allá de las tareas?

4. La meta inspiradora: rediseña una meta actual para que tenga sentido emocional, no solo técnico.

Una meta no es una línea de llegada.
Es una estrella en el cielo.
No siempre se alcanza rápido.
Pero sin ella, uno se pierde en la noche.

Capítulo 7: Planificar
La danza entre el control y la incertidumbre

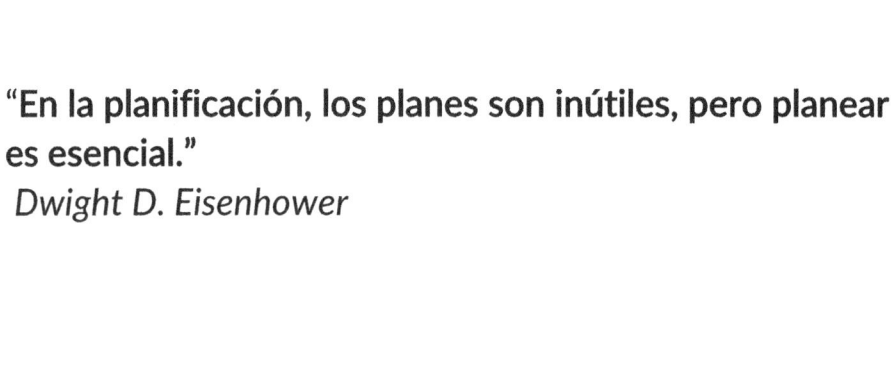

"En la planificación, los planes son inútiles, pero planear es esencial."
Dwight D. Eisenhower

Entre mapas y senderos

Todos hemos escuchado esta frase en más de un momento "Para qué planificar si después todo cambia." y aunque tiene algo de cierto, también encierra un error profundo.

Planificar no es predecir. No es controlar todo.
Es prepararse para responder con sentido cuando lo inesperado llegue.

Eisenhower, general y presidente, lo entendía bien: en medio de la guerra, sabía que ningún plan resistía el contacto con la realidad... pero también sabía que, sin planificación previa, no hay margen para improvisar con sabiduría.

Mi suegro, alemán, que pasó parte de su infancia en campos de concentración, y que llegó a Chile en su adolescencia sin nada más que sus ganas y pasión, me decía en conversaciones de domingo, que no importaba tanto la dirección del día, y si lo hecho era un éxito o un fracaso, sino mantener la mirada en el destino final, y que cada día un paso te acercara un poco más a tu meta.

Planificar es como empacar para un viaje: no sabes exactamente qué pasará, pero eliges con qué contar y qué dejar atrás.
Es un acto de cuidado, de diseño, de priorización.

Miyamoto Musashi, samurái y estratega japonés, decía: "Percibe aquello que no puede ser visto con el ojo."
En su libro El libro de los cinco anillos, habla de la importancia de entrenar la mente antes de entrar en combate. De tener una estrategia, no como defensa, sino como claridad.

Planificar, en ese sentido, es ordenar el deseo.
Convertir la meta en pequeñas decisiones, en movimientos posibles. Es pasar del "soñar" al "hacer con dirección".

Muchas veces confundimos planificación con burocracia.

Pero la planificación viva es lo opuesto: es ligereza estructurada. Es claridad que permite fluir.

El plan como diálogo entre el yo y el equipo

Un plan que sólo vive en la cabeza del líder no es un plan.
Es una fantasía.
Un buen plan se conversa, se comparte, se adapta.

He trabajado con equipos que no planifican porque temen ser rígidos, y con otros que planifican tanto que se paralizan. El equilibrio está en entender que planificar no es anticiparlo todo, sino preparar el terreno para responder con flexibilidad.

Un buen plan tiene tres capas:
Lo que sabemos y controlamos.
Lo que podemos anticipar con probabilidad.
Lo que sabemos que podría sorprendernos.

Entonces diseñemos con humildad.
Dejando espacio a la revisión.

Trazando rutas, no prisiones.

No planificar no te hace libre.
Te hace vulnerable.
Te deja a merced del próximo incendio, de la urgencia ajena, del calendario que corre sin dirección.

En las organizaciones, la falta de planificación genera confusión, desgaste y dependencia.

Y en lo personal, genera ansiedad. Porque cuando no sabes qué sigue, todo se vuelve una amenaza.

Planificar es una forma de cuidar la energía. La tuya y la de tu equipo.

Mini test (ponte una nota en una escala de 1 a 5)

1. Transformo mis metas en pasos concretos.

   _____

2. Anticipo escenarios posibles, sin caer en el control excesivo.

   _____

3. Comparto mis planes con quienes los afectan o viven.

   _____

4. Revisamos los planes con regularidad en mi equipo.

   _____

5. Mis planes me dan calma, no presión.

   _____

Tu total hoy es

_____

Resultados:

5-10: Estás a la deriva. Es momento de ordenar.

11-20: Planificas, pero sin anclar ni compartir.

21-25: Usas la planificación como una brújula flexible.

1. Plan de 3 pasos: elige una meta. Define solo tres acciones para avanzar. Luego, comienza.

2. Escenarios futuros: imagina 3 futuros posibles para tu equipo. ¿Qué necesitarías tener listo en cada uno?

3. Reunión de revisión: cada 15 días, agenda 30 minutos para revisar si el plan sigue teniendo sentido.

4. Lista de lo no urgente: escribe 5 cosas importantes que nunca haces porque no son urgentes. Planifícalas esta semana.

Planificar es amar el futuro sin miedo.
Es honrar el propósito con estructura.

Y es, sobre todo, una forma de cuidar la energía para que
el caos no se lo lleve todo por delante.

Capítulo 8: Accionar
Hacer con sentido, no con prisa

"Las palabras son importantes. Pero los hechos construyen el mundo."
Nelson Mandela

El momento de saltar

Hay un punto donde el análisis se agota.
Donde la planificación deja de ser fértil y se convierte
en espera.
Es ese punto donde todo lo que falta es lo único que
importa: hacer.

Accionar no es simplemente ejecutar.
Es moverse con dirección.
Es poner el cuerpo donde estaba la intención.
Es tomar una decisión y dejarla hablar a través de los
hechos.

Hacer sin sobre pensar
(con Dieter Rams y Steve Jobs)

Dieter Rams, el diseñador alemán que inspiró a Apple,
decía: "Un buen diseño es lo menos diseño posible."
Steve Jobs lo interpretó con genialidad: accionar no es
llenar de funciones, es simplificar hasta que lo esencial
sea irresistible.
En liderazgo ocurre igual: accionar no es sobrecargar de
tareas, es elegir una acción que cambie algo real. Es
preferir un paso concreto a diez ideas hermosas pero
inmóviles.

Hemos visto organizaciones estancadas por exceso de ideas. Por miedo al error. Por querer tener todo resuelto antes de empezar.

Pero la verdad es que el movimiento trae claridad.
El cuerpo en marcha piensa distinto que el cuerpo en espera.

El coraje de actuar sin garantías

Mandela, Jobs, Rams, Ghandi, Teresa de Calcuta, incluso Verne... todos actuaron sin garantías. Sin seguridad total.

 Accionar con propósito nunca es cómodo, y siempre es transformador.

En mi propia vida he tenido momentos de duda profunda. Pero descubrí que incluso una pequeña acción, hecha con verdad, desbloquea caminos. Rompe la parálisis. A veces no transforma el mundo. Pero siempre transforma a quien se atreve a darla.

Accionar no es apresurarse. Es comprometerse. Es decir: esto es lo que voy a hacer, aunque tenga miedo.

Acción organizacional: del discurso a la práctica

En las empresas, he visto muchas presentaciones que prometen cultura, innovación, agilidad... y luego equipos que siguen igual.

El cambio no se decreta: se encarna.
Se baja a la rutina. Se prueba. Se corrige.

Una organización que acciona es aquella que aprende haciendo. Que no castiga el error sino la inacción. Que valida más al que prueba que al que espera la perfección.

Alex Rovira comenta que liderar es sembrar ejemplo. Y el ejemplo no se escribe: se ve. Se siente. Se contagia.

Accionar es ser coherente con lo que se dice. No perfecto.

Pero sí visible.

Mini test (ponte una nota en una escala de 1 a 5)

1. Paso de la idea a la acción en tiempos razonables.
_____

2. Me atrevo a avanzar aunque no tenga todas las respuestas.
_____

3. Valoro más el aprendizaje que la perfección.
_____

4. En mi equipo, las decisiones se traducen en hechos.
_____

5. Mis acciones reflejan lo que creo importante.
_____

Tu total hoy es
_____

Resultados:
5-10: Estás paralizado por el miedo o el perfeccionismo.
11-20: Actúas, pero podrías confiar más en tu intuición.
21-25: Haces con dirección, aprendes con humildad.

1. La decisión pendiente: piensa en una acción que postergas hace semanas. Hazla hoy, sin juicio.

2. Regla del paso siguiente: cada vez que termines una reunión, define: ¿qué haremos mañana distinto?

3. Checklist vivo: diseña una lista de microacciones que reflejen tus valores. Revísala cada semana.

4. Espacio de prueba: habilita en tu equipo un proyecto que se pueda testear sin temor. Acción como laboratorio.

Accionar es honrar la meta.

Es hacer visible el propósito.

Y es también el acto más íntimo de confianza: en uno mismo, en los otros, y en lo que puede emerger del movimiento.

Capítulo 9: Confianza
La base invisible de todo lo que vale la pena

"Sin confianza, las palabras son ruido.
Las intenciones, sospechas. Y los equipos, una ficción."

Este capítulo para mi es distinto. Es más íntimo. Más vulnerable. Y es, quizás, el más importante.

Es un concepto grande, muy usado por todos y poco comprendido.

Porque sin confianza, nada de lo que planteamos en este libro —ni parar, ni analizar, ni accionar— es posible.

En mi experiencia personal y profesional, he comprobado una y otra vez que la confianza no es un lujo. Es una condición previa. Una necesidad humana básica. Tan básica como el aire para respirar.

Viví equipos donde la confianza no existía, y el daño fue grande. Dentro y fuera del equipo. Perdí amigos y relaciones, y buenos negocios. Y que me llevo a conversaciones de reconstrucción en años posteriores y aprender de reconciliación.

La confianza se construye, se rompe, se repara, y en todo este baile siempre hay dos personas. Se gestiona desde el hacer y no desde el decir. Con pequeñas cosas. Y es un tesoro que no tiene valor medible.

Años tratando de entenderla, desde el lenguaje, desde el alma y de todos los libros y conversaciones sobre la confianza, el que más sentido, por lo práctico de entender y de medir está en The Thin Book of Trust escrito por Charles Feltman en 2012.

Propone cuatro dimensiones claves:

SINCERIDAD
"Decir lo que pienso. y ser coherente con lo que hago."
"La sinceridad es la manera más clara de ser simple."

CREDIBILIDAD
"Sabes hacer lo que dices que harás." *"La simplicidad se fortalece cuando no tengo que dudar de tus capacidades."*

COMPROMISO
"Hacer lo que dije que haría, incluso cuando nadie está mirando." *"Nace cuando mi palabra tiene peso."*

CUIDADO / INVOLUCRAMIENTO
"Me importas. No solo lo que haces, sino quién eres."
"La seguridad psicológica comienza donde el otro siente que importa."

Y mirar la confianza desde estos ejes, me cambió a mí la manera de gestionar, de comprometerme, y de hablar.

Vulnerabilidad y seguridad psicológica

No puedo hablar de confianza sin sumar al pasar la seguridad psicológica en la conversación.

Amy Edmondson lo dijo claro: los equipos más eficaces no son los más brillantes, sino los que pueden equivocarse sin miedo.

Eso es seguridad psicológica.

Pienso que la seguridad psicológica es el verdadero suelo fértil donde florecen las ideas, el coraje y la colaboración. No se trata de estar siempre de acuerdo, sino de saber que uno puede hablar, equivocarse o proponer sin miedo a ser avergonzado o castigado.

No se trata de suavizar los conflictos ni de evitar la exigencia, sino de crear un entorno donde la vulnerabilidad no sea una amenaza, sino una puerta abierta al aprendizaje colectivo.

Y comienza con un acto valiente: mostrarse primero.

K.I.S.S. también vive aquí:

Sé simple al mostrarte.
No adornes tu duda.
No escondas tu cansancio.
No exageres tu rol.

La confianza crece donde habita lo humano.

Test de Confianza (individual o en equipo)
Puntúa de 1 a 5 (1 = casi nunca, 5 = siempre)

1. **Sinceridad**
   Siento que puedo decir lo que pienso sin miedo a
   represalias. _____
   Mis palabras reflejan lo que verdaderamente creo.
   _____

2. **Credibilidad**
   Cumplo con lo que prometo, o aviso si no puedo.
   _____

   Confío en las capacidades del otro sin necesidad
   de controlar. _____

3. **Compromiso**
   Me hago cargo de mis decisiones incluso cuando
   nadie me exige. _____
   Reconozco los errores sin buscar excusas.
   _____

4. **Cuidado / Involucramiento**
   Me interesa cómo están **los otros,** no solo lo que hacen.
   _____

   Puedo mostrarme sin miedo al juicio.
   _____

5. **Seguridad sicológica**
   Mantengo una comunicación abierta, franca y libre
   intercambio de ideas. _____
   Puedo estar en desacuerdo sin ponerme en Riesgo
   _____

Mira los resultados, los tuyos y los del equipo

Tu total hoy es

Ahora has el mismo análisis mirando a tu equipo cercano

El resultado de mi equipo es

¿Hay diferencia?
¿Qué conversaciones nacen de este test?

Interpretación:

10–24: terreno frágil. Necesita conversación.
25–40: confianza parcial. Se puede fortalecer.
41–50: relaciones confiables. Clima fértil.

Ejercicios prácticos

1. La conversación pendiente – Habla con alguien con quien la confianza se ha debilitado. Escucha.

2. Cumple una micro-promesa – Haz algo que prometiste hace poco.

3. Pregunta real en reuniones – "¿Cómo llegas hoy?"

4. Feedback desde el cuidado – Retroalimenta mostrando que te importa la persona.

Confianza no es tener certezas.
Es tener espacio para lo incierto, y aun así seguir adelante.

Es el suelo donde crecen los equipos verdaderos.
Es el único lugar donde podemos liderar sin dejar de ser nosotros mismos.

Capítulo 10: Propósito
Lo que da forma al viaje

"El que tiene un porqué para vivir, puede soportar casi cualquier cómo."
Viktor Frankl

"No vengo a hacer una carrera, vengo a cumplir un deber."

Arturo Prat, en carta a su esposa Carmela

La palabra "propósito" proviene del latín propositum, y sugiere "poner algo delante de sí".

Algo que guía, que orienta, que actúa como faro en la incertidumbre.

No es una meta. No es un deseo.
Es una intención profunda y sostenida que da dirección y sentido a nuestras acciones.

Así como un río encuentra su cauce, las personas y organizaciones encuentran consistencia cuando tienen claro su propósito.

Propósito en la vida: brújula interior

Viktor Frankl escribió que el sentido de la vida no se inventa: se descubre. Se elige.

Se reconoce en los actos cotidianos.
El propósito no siempre se grita. A veces se susurra desde adentro.
A veces se revela cuando todo lo demás se derrumba.

Para muchos líderes, el momento del propósito no llega con una charla TED ni un plan quinquenal.

Llega cuando algo duele. Cuando una decisión se vuelve insostenible sin sentido.

Arturo Prat; héroe mítico de Chile, capitán de la Esmeralda, en sus cartas íntimas, no habla del heroísmo que todos recordamos. Habla del deber. De la coherencia. De estar donde uno debe estar, incluso si no es lo más cómodo.

Su propósito no fue morir. Fue cumplir, aunque eso implicara el sacrificio más alto.

Tener propósito es saber para qué te levantas en la mañana.

Y también, e igualmente importante

Saber para qué no estás dispuesto a levantarte más.

Propósito en equipo: acuerdos de fondo

Un equipo sin propósito compartido se desgasta.
Cada uno tira para su lado. Se mide por tareas, no por impacto.

El propósito compartido no necesita ser complejo.
> Estamos aquí para cuidar a quienes no pueden cuidar de sí mismos.
> Nos mueve que nadie se sienta solo al final del día.
> Lo que hacemos debe importar, aunque no se vea.

Cuando los equipos declaran su propósito, los conflictos bajan de intensidad, y las decisiones se alinean.

Porque ya no se trata de quién tiene la razón, sino de qué nos acerca más a lo que queremos lograr juntos.

Un propósito de equipo bien trabajado funciona como un acuerdo emocional de colaboración.

Propósito en organizaciones: sostenibilidad real

Peter Drucker dijo: "La cultura se desayuna a la estrategia."

Yo añadiría: y el propósito sostiene a ambas.

Una organización sin propósito solo sobrevive. Pero no transforma. No construye legado. No genera sentido.

He trabajado con empresas en que el propósito es una lámina en la pared... y otras en que está en cada decisión, cada conversación, cada bienvenida a un nuevo colaborador.

He trabajado con personas que tenían su personal Business plan claro, y todos sus movimientos eran chequeados contra ese master plan que incluía todo lo que le importa cuidar tanto en el hoy como en el futuro.

Y esa bitácora de futuro generaba tranquilidad frente al incertidumbre del hoy.

Mini test (ponte una nota en una escala de 1 a 5)

1. Sé cuál es mi propósito personal hoy.
   _____

2. Mis decisiones están alineadas con lo que realmente valoro.
   _____

3. En mi equipo hablamos del "para qué" de lo que hacemos.
   _____

4. Siento que lo que hago tiene impacto más allá de los resultados.
   _____

5. En mi organización, el propósito es algo vivo, no solo declarado.
   _____

Tu total hoy es
   _____

Resultados:

5–10: urgencia de reconectar. ¿Qué te sostiene?
11–20: tienes vislumbres de propósito, pero falta consistencia.
21–25: vives y trabajas con sentido.

Ejercicios prácticos

1. Tu frase de vida: escribe en una oración tu propósito actual. No perfecto. Solo sincero.

2. Mapa de coherencia: ¿qué cosas haces hoy que no se conectan con tu propósito?

3. Conversación de equipo: pregúntense: ¿Cuál es nuestro propósito no negociable?

4. Bitácora de propósito: durante una semana, anota al final del día si sentiste que lo que hiciste tuvo sentido.

El propósito no es una moda. Es una forma de no perdernos. Es hacer lo que debemos, cuando debemos, con dignidad, aunque duela.
Porque allí está lo que realmente vale la pena.

Y si todo lo demás cambia —la industria, el cargo, la tecnología, la edad— que al menos no cambiemos eso:

El para qué que nos sostiene.

Último Capítulo
El arte de detenerse a tiempo

Pensando en el final

Donde termina el camino... y comienza el retorno

Dicen que al final del día, el alma no recuerda cifras,
ni logros, ni seguidores en redes sociales ni likes.

Recuerda pausas.
Este café sin apuro.
Esa mirada que no exigía nada.
Ese silencio donde te volví a escuchar.

He caminado por mapas ajenos.
He seguido brújulas prestadas.
He corrido por rutas bien iluminadas...
que no me llevaron a la calma.

Y fue en un atardecer sin pronóstico, en una playa que
no figuraba en los planes, donde entendí que a veces, el
mayor acto de libertad es detenerse.

Parar para recordar.
Analizar sin juicio.
dibujar una Meta con el corazón
Planificar desde el alma.
Accionar con pies desnudos, aunque tiemble el suelo.

Vivir sin perder el alma no es un desafio.
Es un regreso.

Una forma de no volverse extraño para uno mismo.

Una promesa callada de no traicionar lo que en ti aún respira.

Tengo un deseo

Que lideres como quien camina con el alma despierta.
Que te permitas volver a ti, una y otra vez.

Y que, cuando todo se ponga difícil, recuerdes esto:
A veces, basta con sentarse en un banco frente al mar.

Y respirar.

Agradecimientos

A pesar de que normalmente los agradecimientos están al inicio de los libros, decidí escribirlos al final.

Son 60 años de historia, de amigos y colegas que fueron construyendo las historias que hoy acumulo en mi mochila.

También son 35 años de matrimonio y 3 hijos poderosos que me han acompañado en el camino.

A mi señora, Carolina, que ha estado conmigo en mis luces más brillantes y mis sombras más oscuras.

A mis tres hijos, quienes me han enseñado muchas cosas y que considero maestros de vida en muchas otras

Finalmente a Nacho, uno de mis hermanos de vida en Uruguay, el cual espero volver a encontrar, en conversaciones eternas frente a un buen fogón, al final de mi vida.

Made in the USA
Columbia, SC
23 August 2025

61623355R00065